AF233380

ETABLISSEMENT
DE
LA CADEMIE
ROYALE
DE DANSE
EN LA VILLE DE PARIS.

AVEC VN DISCOVRS ACADEMIQVE,
pour prouver que la Danse dans sa plus noble
partie n'a pas besoin des instrumens de Musique,
& qu'elle est en tout absolument indépendante
du Violon.

A PARIS,
Chez PIERRE LE PETIT, Impr. & Libr. ord. du Roy,
ruë S. Iacques, à la Croix d'Or.

M. DC. LXIII.
AVEC PRIVILEGE DV ROY.

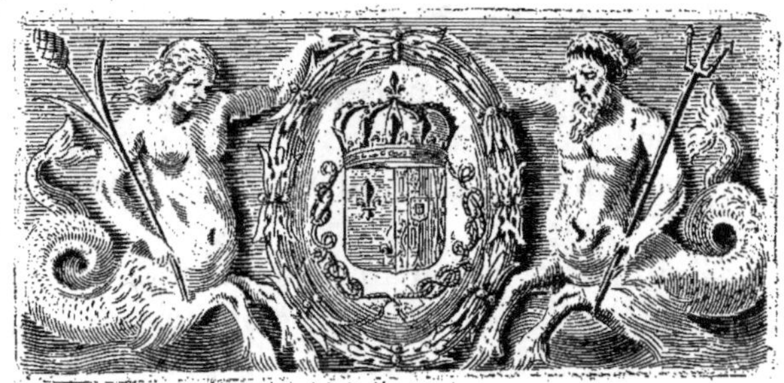

DISCOVRS ACADEMIQVE

pour prouver que la Danse dans sa plus noble partie n'a pas besoin des instrumens de Musique, & qu'elle est en tout absolument independante du Violon.

L estoit difficile de s'imaginer que la Danse & les instrumens qui avoient vécu en bonne intelligence depuis plusieurs siecles, se pûssent broüiller dans le nostre, ou l'vne & les autres sont en leur perfection; On avoit crû que leur societé avoit esté formée sur celle de l'harmonie

& du mouvement des cieux, & qu'elle devoit
durer autant que le monde ; Aussi la Danse
proteste qu'elle n'a rien contribué à leur dis-
cord, quelle a esté toûjours promte à suivre
leurs mouvemens, tandis qu'ils ont bien voulu s'accommoder aux siens, & conserver cette
égalité qui fait & qui maintient les societez :
Mais lors que le Violon enflé d'orgueil de se
voir introduit dans le cabinet du plus grand
des Rois, & de se voir favorablement écouté
dans tous ses divertissemens, a voulu se don-
ner vne superiorité inouïe, & que le Luth,
ny pas vn des autres instrumens, n'avoit jamais prétendu sur la Danse ; Elle a crû devoir
s'opposer à cette nouveauté, & faire connoî-
tre son indépendance de la Musique : A quoy
elle a si bien reüssi, que le Roy à qui la Pro-
vidence a donné, avec mille autres qualitez
Royales, vn discernement admirable, a trouvé
juste de faire vne Academie de Danse, où il
n'entre aucune chose de la Musique ny des instrumens ; afin de faire voir qu'encore que la
Danse & le Violon se soient joints en mille
réncontres pour son divertissement, ils n'ont
pas fondu l'vn dans l'autre, & qu'il n'y a nulle
raison de les confondre.

Et quoy que le jugement du plus éclairé &
du plus absolu de tous les Rois, deust suffire
à la Danse pour luy faire croire que toutes les

perſonnes raiſonnables la conſidereront à l'a-
venir comme indépendante des inſtrumens de
Muſique, & comme vn corps qui peut facile-
ment ſubſiſter ſans eſtre animé par leur harmonie ; Elle a bien voulu juſtifier cette verité par
ce petit diſcours pour la ſatisfaction de ſa Ma-
jeſté-meſme, qui prend toûjours plaiſir de
voir ſes ſentimens autoriſez par la raiſon, &
pour la conviction entiere de ceux qui pourroient douter qu'on peut ſeparer deux corps
qui ont eu vne ſi longue & ſi étroite liaiſon.

La Danſe ne dira rien qui ne ſoit avanta-
geux à la Muſique, pour qui elle conſervera
toûjours beaucoup d'eſtime : elle tâchera ſeulement de montrer ſon indépendance & ſes
avantages contre le Violon qui la vouloit aſſu-
jettir ; & quoy que les conteſtations qui naiſ-
ſent ſur le ſujet des rangs & des préſeances
ſoient toûjours aigres, l'on ne verra rien dans
ce diſcours qui porte ce caractere.

La Muſique & tous les inſtrumens dont elle ſe ſert pour compoſer l'harmonie qui luy a
donné tant d'eſtime & de reputation dans toutes les Nations policées, ont tiré leur origine
des ſons naturels, qui dans l'enfance du monde & par vn conſentement vniverſel ont eſté
jugez agreables, ſoit qu'en effet ces ſons euſſent quelque proportion avec l'harmonie de
noſtre ame, ou qu'ils euſſent ſeulement la fa-

A iij

culté de flater agreablement nos oreilles, comme les belles couleurs flatent nos yeux ; ainſi
l'on ne peut pas conteſter que tous les inſtrumens de Muſique ne ſoient inventez pour le
plaiſir de l'ouïe ſeulement. Et en effet, ſi nous
conſultons le gouſt & l'attouchement, ils nous
diront qu'ils n'y trouvent rien de ſavoureux ny
de doux ; & la veüe qui ſe meſle de control-
ler tout ce qui touche les autres ſens , dira
qu'elle n'y void rien qui ne la choque, & l'on
ſçait bien que de quelques ornemens qu'on pa-
re les Violons dans les aſſemblées, on les trouve
toûjours plus beaux quand on ne les void pas.
  La Danſe au contraire n'a rien que l'oreille
puiſſe entendre, ſon premier employ dans la
plus obſcure antiquité fut de faire voir par des
ſignes & par des mouvemens du corps les ſe-
crets ſentimens de l'ame, afin de perfection-
ner cette expreſſion generale que la nature
avoit enſeignée à tous les hommes pour ſe faire entendre par ſignes aux lieux où leur langa-
ge n'eſtoit pas connu. A quoy pluſieurs reüſſi-
rent ſi bien en recherchant & en imitant par
leurs geſtes & par leurs viſages, les caracteres
de tous les deſirs & de toutes les paſſions, qu'vn
Eraſ.l.8. Auteur celebre a dit qu'on entendoit mieux
Apoph. leurs ſignes que leurs paroles. Sortant de cet
employ general qui fut rendu inutile par la
connoiſſance des langues, elle ſe fixa à l'expreſ-

fion de la joyë & de la triftefſe feulement, &
devint vne partie de la religion des Grecs, qui
luy affocierent alors la Muſique, & qui en l'ex-
primant par vn nom equivoqué avec l'affem-
blage de ſes parties * donnerent ſujet à la con- * χορεία.
fuſion qu'on y a depuis voulu mettre. Elle ne   chorea.
s'arrefta pas long-temps à cette deftination par-
ticuliere, elle fut deflors employée aux exercices de la guerre, & des Nations entieres la re-
ceurent pour la marche ordinaire de leur milice.
Vn grand Capitaine Athenien * qui n'eftoit pas * Epami-
trop galand, luy a rendu ce témoignage qu'elle   nondas.
eftoit tres-propre pour former les hommes aux
exercices militaires. Et les Romains * qui parmi * Dion in
leurs galanteries meſloient toûjours quelque   vit. Calig.
combat de gladiateurs, n'ont pas fait de diffi-
culté de la recevoir parmi les divertiſſemens
vtiles à la Republique.

La France la reconnoift depuis long-temps
pour le commencement neceffaire de tous les
beaux exercices ; c'eft elle qui corrige les dé-
fauts naturels du corps & qui en change les mau-
vaiſes habitudes ; c'eft elle qui luy donne cet air
aiſé & cette grace qui répandent tant d'agrée-
ment dans toutes ſes actions; c'eft elle qui enſei-
gne à ceux qui la cultivent, l'art d'entrer agreablement dans les compagnies, & d'y gagner
cette premiere & promte approbation qui fait
quelquefois leur fortune, & toûjours leur joye

avec celle des spectateurs ; c'est elle qui leur
apprend à se démesler avec bien-seance & sans
desordre, des lieux les plus embarrassez ; c'est
elle qui leur facilite l'exercice de monter à che-
val & celuy de faire des armes ; c'est elle qui les
rend plus propres à servir leur Prince dans les
batailles, & à luy plaire dans les divertissemens.

Le Violon n'entre pour rien en toutes ces cho-
ses, & s'il est quelquefois meslé avec la Danse,
il faut qu'il avouë que ce n'est que dans la partie
qui regarde le plaisir seulement ; & encore ne
peut-il pas nier que cet avantage ne luy soit
commun avec tous les autres instrumens de Musique. Il ne peut pas aussi desavoüer qu'il ne soit
absolument inutile à ceux qui apprennent à
Danser, qui ne sçauroient suivre la cadence du
Violon sans avoir auparavant appris à faire les
pas, à porter leur corps & à former les figures ne-
cessaires ; De sorte qu'on peut dire avec verité
que le Violon n'est à la Danse, que ce que les
Tambours & les Trompettes sont à la guerre :
car comme ces derniers animent les combat-
tans par des sons accommodez à la rapidité & à
la ferocité de l'action, & qu'ils ne leur monstrent
point en quelle figure ny de quelle maniere ils
doivent combattre, pour ce que cet ordre regarde de plus nobles Officiers ; le Violon ne
fait autre chose qu'animer les Danseurs, qui de-
meureroient immobiles à tous ses mouvemens,
s'ils

s'ils n'avoient auparavant appris de leurs Maî-
tres, ce qu'ils doivent faire tandis que les Violons
joüent. Et comme il paroiſtroit ſans doute ridi-
cule que les Tambours & les Trompettes ſe
vouluſſent attribuer quelque ſuperiorité ſur les
Aydes de camp & ſur les Sergens de bataille,
pour avoir ſonné l'attaque ou la retraitte, lors
que ces illuſtres Officiers faiſoient battre ou re-
tirer les troupes; il faut avoüer qu'il y a eu quelque choſe d'étrange en la penſée que les Violons ont eu de s'eriger en Rois & en Maiſtres de
la Danſe, pour avoir ſonné tandis que par des
mouvemens étudiez, par des pas concertez, par
des figures reglées, & par mille & mille démar-
ches éloquentes, la Danſe tâchoit de faire parler des muets aux yeux des ſpectateurs, & de re-
preſenter des hiſtoires, où ſans prologue, ſans
recit, & ſans aucun ſecours de la voix elle fait
connoiſtre la nature, la condition, l'eſtat & la
paſſion des perſonnes qu'elle repreſente.

Que s'il falloit encore comparer l'vtilité du
Violon avec celle de la Danſe, il ne ſeroit pas
difficile de faire voir que tout l'avantage eſt du
coſté de la derniere, puis que le Violon ne pro-
duit qu'vn ſon agreable à la verité, mais qui ſe
perd en l'air aprés avoir vn peu flaté l'oreille,
ſans laiſſer aucune impreſſion vtile de ſon harmonie, au corps, ny à l'eſprit, au lieu que la Danſe outre les agréemens qu'elle employe au diver-

tiſſement des yeux, forme encore en ceux qui
la pratiquent, & laiſſe dans l'eſprit de ceux qui
la voyent, des impreſſions de bien-ſeance & de
démeſlement qui peuvent eſtre de quelque a-
vantage à la Nation, ſoit pour la politéſſe ou
pour la facilité des exercices militaires.

Que s'il falloit parler des qualitez neceſſaires
aux perſonnes qui Danſent, & à celles qui
joüent du Violon, il ne ſeroit pas difficile de faire voir que les Danſeurs ont tout l'avantage ; car
ils doivent eſtre bien faits du corps, & l'on ſçait
qu'vne formation heureuſe & agreable eſt quaſi
toûjours vne marque de la bonté de l'ame, ils
doivent eſtre naturellement adroits & débarraſ-
ſez, ils doivent avoir le corps & l'eſprit ſouples ;
& ils ne ſçauroient s'introduire chez les perſonnes de condition, ſans avoir ou ſans contracter
des teintures d'honneſteté & de courtoiſie, qui
ſuppoſent preſque toûjours vne honneſte naiſ-
ſance, ou du moins vne bonne education.

Les joüeurs de Violon n'ont pas beſoin de tout
cela, ils peuvent eſtre boiteux, aveugles & boſ-
ſus, ſans que perſonne s'en ſcandaliſe, il ne leur
faut que l'oreille & les bras pour bien joüer ; &
quoy que la pluſpart de ceux qui ſont aujour-
d'huy dans les charges ſoient fort bien-faits,
& honneſtes gens, ils avoüeront ſans doute
qu'ils pourroient avoir moins de mine & moins
d'honneſteté & ne laiſſer pas d'eſtre de fort bons
Violons.

Mais pour finir par le plus grand avantage que
la Danſe ait jamais remporté ſur le Violon, elle
dira que le Roy qui n'a negligé aucune des bel_
les connoiſſances qui peuvent compatir avec
la Majeſté Royale, n'a pas dédaigné d'employer
cette merveilleuſe adreſſe qu'il a receuë du Ciel
pour tous les beaux exercices, à celuy de la Dan_
ſe qu'il ſçait en perfection, & qu'il a bien voulu
eſtre Protecteur de ſon Academie, & luy don_
ner pour Vice-Protecteur, Monſieur le Comte
de Saint-Aignan, qu'on ſçait eſtre vn des plus
ſpirituels & des plus galans hommes de ſa Cour.

F I N.